잔잔히 변하고, 언제나 한결같은 하루들

전하는 말

사춘기 때부터 글을 썼다.
매일은 아니고, 참을 수 없을 때마다 썼다.

행복이 넘쳐 마음에만 두기에는 흘러내려서
결국은 어딘가에 써야만 했고,

분노가 차올라 참기에는 병이 날 듯해,
어딘가에는 끄적이며 화를 냈고,

슬픔이 몰아쳐 스스로 견뎌내기에는 역부족이어서
어디든 나의 깊은 슬픔을 토로해야 했다.

가만히 두었다 넘치는 마음들은 결국 글로 삐져나온다.

어쩌면 책임감 없게도 세상 밖으로 나온 나의 단어가
어떤 모양이든 적당한 온도로 위로나 격려가 되기를 바란다.

2024년 겨울. 눈이 많이 내린 날

스물셋부터

화장보다 민낯이 좋은 스물셋	12
러빙 빈센트	18
나는 촌스러운 사람이다	26
빈자리	30
낭만을 잃어버리지 않으려면	34
카톡을 삭제했다	40
내 안의 빛나는 1%를 믿어준 사람	44
아빠의 꿈을 가볍게 여겼다	48
부끄러움	52
상처받는 것보다 사랑하지 못하는 게 더 힘들 것 같아	56
투지폰으로 바꾸고 싶어	62
수영장 가는 길	66
계획대로 되진 않을지도 몰라	72
만만한 사람이 되고 싶어	76

비우는 삶	80
보이지 않는 것	84
마음이 빛날 때	90
전환	96
운이 좋았지	100
의심	104
인생이 너무 짧다	108
치료 중	112
마음의 집	116
균형을 찾아서	120
적당히 사랑하고 싶다	126
부재	130

스물아홉까지, 사적이고 솔직한 하루

화장보다 민낯이 좋은 스물셋

올해, 스물셋이 되었다.

여러 가지로 변했다는 게 느껴지고,
그 변화가 좋다.

 먼저 여유가 생긴 점. 그동안 세상과 싸우다시피 하며 치열하게 살았다면, 지금은 굳이 싸우려 들지 않고 나만의 색을 찾고, 내 마음에 집중하면서 행복에 초점을 두고 있다.

 주변에서 나보다 앞서가는 듯한 소식들이 들려와서 "나도 해야 하나?" 하는 조급함을 심어주는 일을 일부러 피한다. 다른 사람이 해서 하는 일이 아닌, 진짜 내가 원하는 일. 진짜 내가 하고 싶었던 일들로 삶을 채워 가고 싶다는 생각이 찬다.

 잘하고 있어, 괜찮아. 미래는 아무도 모르는 평등한 선상에서 굳이 불안해하지 않기로 했다. 솔직히 나는 게으른 사람이 아니니까. 하고 싶고, 해야 하는 일 모두 하는 사람이니까. 그러니 주어진 하루에 충실하기로 했다. 그러다 보면 언젠가 나다운 길에 있지 않을까

 화장을 많이 하고 싶지 않다. 여고를 졸업해 화장품은 모르고 살았다. 스무 살 난생처음 화장품에 눈을 떠서 엄청나게 사기 시작했다. 작년까지 거의 화장을 했다 하면, 풀메이크업이었지만, 요새는 뭔가를 더 바르거나 칠하는 게 싫다. 평소에는 거의 민낯에 로션하고 선크림만 바르는 정도이다. 피부가 가벼워지니, 세상과 더 가까워진 기분이다.

 사실 지난 일이 년 동안 자존감이 바닥을 쳤다. 다른 사람들과 나를 비교하면서 거울 앞에 서서 나의 단점을 찾는 시간이 길었다. 코도 평퍼진 것 같고, 입도 튀어나온 것 같고, 다리는 짧은 것 같고. 그런데 이제 더 이상 하지 않는다.

내면의 건강을 쫓기 시작하면서 달라졌다. 운동을 하고, 식단을 먹었다. 처음에는 정말 하기 싫었다. 해가 뜨기 전 눈을 뜨는 것도 너무 피곤하고, 아르바이트가 끝난 뒤 집에 와 쉬고 싶었다. 그런데 그런 마음 한번 다잡고 한 번 해내고, 또다시 한번 나를 토닥이고 두 번, 세 번을 해내자 어느새 하루가 쌓여 지금은 두 달이 되었다.

 운동을 놓지 않을 수 있었던 건, 하고 나면 가벼운 몸이 좋고, 해내고 나면 내가 예뻐 보여서. 정말 나를 좋아하게 되어서. 그 시간을 놓치기가 싫었다. 남과 비교하면 못나 보이던 내가, 자꾸 하루를 해내니까 멋있어지고, 나의 노력이 빛나가는 게 느껴졌다. 처음에는 힘들었지만 계속 해내다보니 친구 같은 존재가 되었다.

 처음에는 날씬해지고 싶어서, 예뻐지고 싶어서 시작한 운동인데, 내 마음과 삶에 대한 나의 태도가 정말 빠른 속도로 변화되었다. 요즘 친구들에게 항상 만나면 하는 소리가 운동하라는 잔소리다. 운동은, 정말 나를 변하게 한다. 스물셋에 깨달은 진리는, 정말 단호하게 움직이면, 모든 게 변한다는 것.

건강하고 싶은 욕구가 생긴다. 요즘은 그냥 있는 그대로 좋은 것 같다. 전에는 진짜 연예인이나, 주변에 예쁘게 생긴 사람들을 보면 어찌 그리 이쁜지 눈, 코, 입, 몸매 뭐 하나 부족한 게 없이 완벽해 보였다. 그리고 나와 비교하면 마치 나는 어디 잘못 만들어진것 마냥 비뚤고, 짧고, 군살에, 계속 단점만 보였는데, 요즘은 내가 좋다. 부족하다면 부족한 대로, 있는 그대로의 내가 좋다. 나를 인정하게 되었다. 키도 작고, 코도 동그랗고, 군살도 많은 나를 사랑해 주고 싶다. 삶에 성실한 나를.

같지 않아서 좋다. 다른 사람들과 닮지 않은 내가 마음에 든다. 달라서 좋다. 정말 이렇게까지 변하다니, 나도 놀랍다. 바깥에 마음과 시선을 두어서 불안했던 내가, 내면에 관심을 가지니까 변하더라. 항상 조급하던 나였다. 뭐가 그렇게 급한지, 다른 사람들이 한 건 나도 해야 하고, 잘해야 하고, 빨라야 했다. 그러나, 지금 나에게 필요한 건 행복이다. 태평한 소리가 아니라, 제일 중요한 이야기다. 내 몸과 마음이 건강했으면 좋겠다. 다른 사람의 시선이 아닌, 진짜 내가 하고 싶은 일과 좋아하는 일을 따라 살기 위해 노력할 것이다.

올해 내가 가장 크게 해낸 것은 내가 부족한 사

람이라는 것을 인정한 것이다. 항상 나의 스트레스와 자존감이 떨어지는 원인은 완벽주의였다. 뭐든 계획대로 되어야 하고, 뭐든 하기로 한 것은 다 해야 하고, 하지 못하면 세상이 끝나는 것 같았다. 영영 시달려야 할 것만 같던 그 굴레에서 벗어날 수 있었던 건, 난 완벽할 수 없다는 것. 그걸 인정하니까 뭐든 결과보다 과정에 충실하고, 어떤 결과에도 그냥 나에게 수고했다 말할 수 있게 되었다. 나의 부족함을 인정하면서부터 나를 사랑할 수 있는 것이었다.

민낯은 가벼워서 좋다. 나의 겉모습에 더 이상 신경 쓰지 않을 수 있기에 좋다. 화장을 고쳐야 하는지 확인하지 않아도 되어서 좋다. 화장을 고치는 시간에 나의 시간에 더 집중할 수 있어서 좋다. 나의 겉모습보다 지금 하는 일, 감정, 생각에 하루를 보낼 수 있어서 좋다. 그렇게 가벼워서 어디든 쉽게 갈 수 있고, 홀가분해질 수 있다.

사람은 모두 다 다르게 생겼고, 그래서 아름답다는 것을 깨달은 뒤부터 모든 사람이 예뻐 보인다. 그 사람의 색은 그 사람만이 갖고 있어서 세상은 다채로울 수 있다. 모든 사람이 특별하고 유일하다. 나도 그렇다.

러빙 빈센트

"우리에게 뭔가 시도할 용기가 없다면
삶이 도대체 무슨 의미가 있겠니"

 삶이라는 건 사실 누구에게나 처음 맞는 하루이다. 그래서 언제나 꿈을 꾸고, 무언가 하고 싶은 멋진 일들은 한 발짝 더 나아가야 닿을 수 있기 때문에 용기가 필요하다. 어떤 시작에 앞서, "과연 내가 할 수 있을까?"라는 생각은 누구에게나 들기 마련이다. 해본 적이 없으니까, 두려움은 물론이고, 모든 도전은 '의도적인 불편함'이고, 굳이 시작한 '고생길'이기도 하니까. 하지만 우리가 살아갈 때 무언가를 시작하고자, 또 뛰어들고자 용기를 내는 순간들은 우리에게 수많은 감정과 경험들을 선사하고 그것들은 우리를 분명 성장하게 한다.

 고흐는 열악하고, 궁색했다. 그의 가족들과 언제나 사이가 안 좋았으며 어떤 기준을 세우고 모범적인 삶을 바랐던 아버지와 친척들의 시선에 고흐가 했던 행동들과 행적들은 이해할 수 없었겠지. 하지만, 그의 편지를 읽으면 그는 단지 자신의 마음이 향하는 방향과 모든 순간들에 충실했던 사람일 뿐이었다고 느낀다. 겉으로 보기에 거의 거지나 다름없던 그가 사람들에게 어떻게 보였을지, 사람들은 그를 어떻게 생각했을지 설명이 없어도, 상상할 수 있다. 평생 팔았던 그림은 단 한 점이고, 세상이 인정해 주지 않았고, 무시하는데 그는 그림을 계속 그리고 싶다는 마음에 평생을 바쳤다. 내가 고흐를 사랑하는 이유는, 그에게는 식을 줄 모르는 열정이 있었고, 그는 세상의 기준보다 자신의 눈에 비친 것들과 자신의 마음에 담긴 것들에 온전히 집중할 수 있는 사람이어서. 그리고 마음을 따르는 과정에서 일어나는 모든 갈등에 직면할 줄 아는 용기 있는 사람이어서. 그래서 시간이 이렇게 흐른 뒤에도 그를 이해하면서 용기를 배우고, 위로를 얻고, 당장 보이는 결과가 없어도 포기하지 않을 근성을 얻는다.

"열심히 노력하다가 갑자기 나태해지고,
잘 참다가 조급해지고, 희망에 부풀었다가
절망에 빠지는 일을 또다시 반복하고 있다.
그래도 계속해서 노력하면
수채화를 더 잘 이해할 수 있겠지.
그게 쉬운 일이었다면,
그 속에서 아무런 즐거움도 얻을 수 없었을 것이다.
그러니 계속해서 그림을 그려야겠다."

그의 문장을 읽으면 어떻게 이렇게 표현할까 싶다. 솔직한 감정을 그대로 쓴 문장은 다른 비유가 필요치 않다.

 어떤 일이든, 하고 싶은 일이 생기면 마냥 좋게 풀리지만은 않았다. 잘되다가도 안 되는 것 같고, 또 열정이 있다가도 나태해지고, 욕심이 조급함이 되면, 포기하고 싶어지기도 하면서. 그렇게 감정의 소용돌이에 휘말리는 일들을 나도 많이 겪어봤다.
 그런데 왜 시작했을까, 그게 그냥 한 번 해서 되는 일이었다면 뭐든 꿈을 꿀 만큼, 용기를 내어 시작했을 만큼의 일이 아니었을 것이다. 얻기 힘드니 노력을 하고, 시간이 걸리고 또 수만 가지 감정과 시행착오를 겪어야만 하는 것이겠지. 그래서 가치 있고, '꿈'이라는 이름으로 존재할 수 있는 거겠지.

 지금은 천재라 불리는 고흐. 올해만 3번 고흐의 그림을 보러 파리의 오르세, 뉴욕의 MOMA, 시카고의 현대미술관에 갔었다. 그리고 나는 모든 곳에서 동일하게 놀라운 경험을 했다. 정직하게 말해도, 고흐의 그림이 있는 전시장에는 다른 전시장과는 비교도 안 되는 인파가 그의 그림 앞에 너

도나도 보려고, 사진을 찍으려고 북적였다.

고흐의 그림은 인상파 중에서도 완전히 다른 스타일이다. 그가 배웠던 고갱과도 전혀 다르다. 언제나 요동치던 그의 선은 마치 그의 내면에서 벌어지던 갈등을 그대로 보여주는 것만 같고, 또 그의 색채는 그림을 향한 그의 순수한 열정이 베어 있는 것만 같다. 그의 그림을 보노라면 눈과 영혼이 맑아지는 것만 같다. 내게는 캔버스 앞에서 솔직했던 고흐 그림이 가장 순수해서 눈부시게 아름답다.

나는
촌스러운 사람이다

나는 촌스러운 사람이다.

 내 감정을 숨길 줄을 모른다. 좋으면 좋은 대로, 서운하면 서운한 대로 숨길 줄 모르고 모두 표현한다.

 나는 내 이런 성격이 좋지만, 가끔 내 자신이 초라해 보이거나 마음에 상처가 될 때도 있다. 누군가에게 내 감정을 숨김없이 이야기했는데, 상대방에게 돌아오는 대답이 없거나, 짧을 때. 상대방에 대한 애정이 커서 사소한 감정들까지 모두 전했는데, 아무 대답이 없을 때 가장 마음이 아픈 것 같다.

나랑 다른 사람이니까, 애정을 표현하는 방식이 다르다는 것을 이제는 잘 알고 있지만, 내가 100을 이야기했다고 상대방도 똑같이 100을 말해야만 서로 애정이 있는 것이라는 생각이 틀렸다는 것은 깨달았지만, 그래도 내가 나를 있는 그대로 드러냈는데 상대방은 베일에 싸인 것 같을 때. 나에게 드러내지 않을 때. 불안하고, 내가 초라해지는 것만 같다.

 나의 글은 이런 나와 같다. 어느 정도 선에서, 어느 면만 보여주는 짧은 글이 아니라, 있는 대로 보여주는, 촌스러운 글이다. 요즘 세상은 유독 나 같은 사람에게 과하다는 말로 매정하게 굴지만, 여전히 나는 숨기지 않는 게 좋다.

빈자리

양 손발에 모래주머니를 찬 것처럼 몸을 질질 끌며 다녔다. 일주일간 아니, 이주일쯤 그랬다. 학교 다니는 틈틈이 희망에 부풀어 공부하던 영어 문제가 보기 싫어졌다.

 사실은 혼자가 된 지 꽤 오래되었다.

 하루의 시작과 끝에 매일 같이 나누던 대화가 사라지자, 나는 외로움이라는 바다에 깊이 빠져 있었다.

 학교에서 수업을 듣는 시간이 꽤 간절해졌다. 수업을 듣는 동안은 어딘가에 집중해야 했기에 빈자리를 잊을 수 있었으니까.

그래도 언제나 있던 누군가 사라진 빈 옆자리는 시렸다. 자신감과는 거리가 멀어져갔다. 그래서 뭔가를 채우기 위해 나에게 부족한 것을 찾아내기 시작했다. 부족한 걸 채워 넣으면 괜찮아지지 않을까, 나아지지 않을까 하면서.

다른 것으로 채워지지 않을 것이라는 걸 알면서도.

낭만을
잃어버리지 않으려면

고마워, 미안해, 사랑해, 그리고 보고 싶어. 진심
으로 가득찬 말들은 화려한 어휘가 필요하지 않
고, 이렇게 짤막하고, 단순하며 따뜻하다. '낭
만'에 대한 로망은 어려서부터 꿈꿔왔다.

"이런 순간에, 이런 공간에서 내가..."

 그런 상상을 하면서 나는 끊임없이 어떠한 장면
들을 꿈꾸곤 했다. 프라하에 왔을 때 거리에는 키
스하는 커플, 거리 악사의 연주에 맞춰 춤을 추는
사람들, 프라하성을 바라보며 꼭 껴안고 있는 사
람들이 있었다.

내가 오래 전부터 유럽을 꿈꾸었던 것은, 그저 에펠탑이나 프라하성이 유일한 이유가 아니었다는 걸 알았다. 나는 낭만을 바라왔던 것이다. 거리의 음악에 맞춰 춤을 추고, 눈앞에 찬란한 야경을 보며 감상에 젖기도 하는 것. 그렇게 유럽이라는 배경에서 걷고, 보고, 분위기에 취하며, 그대로 좋은 나를 그렇게 그려오던 것이다.

 수많은 사람이 지나가는 광장에서 그저 시간과 풍경에 취해 춤을 추는 프라하에 있을 때면 왠지 모를 해방감이 들었다.

> "진정 낭만적인 사람은 배경이 전부이거나,
> 거의 전부인 것이다."

 오스카 와일드의 말은 부정할 수 없었다. 우리는 낭만을 이야기할 때 시간과 공간 속에 어떤 장면을 떠올리곤 하니까. 낯 뜨겁다는 이유로 어쩌면 수많은 낭만의 순간을 잃어버렸을지도 모른다. 많은 사람들이 나에게 오바한다고 하지만 나에겐 정말 황홀하고, 행복하고 더할 나위 없는 순간이라면, 낭만을 잃어버리지 않도록 끊임없이 꿈을 꾸고, 표현할 것이다. 있는 힘껏. 아마도 내가 여행을 다니는 이유는 낭만에 대한 갈증일지도 모르겠다.

카톡을 삭제했다

카톡을 삭제했다.

 요즘 부쩍 외로움을 자주 느껴서, 친구를 많이 찾았다. 혼자 있는 시간에 불안함을 많이 느꼈던 것 같다. 왜 이러는지는 잘 모르겠다.

 친구나 가족과 함께일 때면 좋다가도, 돌아서서 집에 가는 길이나 혼자 방에 있을 때면 불안해졌다. 적막이나 고요함이 편안함이 아니라 언제부턴가 나를 불안하게 만들기 시작했다.

 슬프거나 외롭다기보다는, 심장이 쿵쿵쿵 한정없이 뛰어댔다. 그래서 자꾸 친구에게 전화를 걸고, 카톡을 확인했다. 카톡 답장이 오지 않거나,

누군가 전화를 받지 않으면 불안했다.

 지금을 살고 있지 않은 기분이었다. 옆에 누군가 있어야만 시간이 흐르는 것처럼.
이렇지 않았다. 하늘을 보는 것만으로도 충분하게 감사하고, 혼자 걷는 길에 좋아하는 음악을 듣는 것만으로도 행복했기에. 적응되지 않는 이 붕 뜬 상태에서 벗어나기 위해서는 철저히 혼자가 되어야 할 것 같았다. 이럴수록 더욱 나와의 시간이 필요한 듯 느껴져, 카톡을 삭제했다.

내 안의 빛나는 1%를 믿어준 사람

어떤 경우든 자기가 사랑하는 사람에게서만
배울 수 있다.

괴테

 책을 읽다가 계속 한 선생님 생각이 났다. 책 속의 인물들이 각자 자신이 인상적으로 기억하는 선생님에 대하여 이야기하는데 나에게도 그런 분이 계신다는 걸 알았다.

 중학교 2학년 때였다. 그분은 나의 담임 선생님이셨고 나는 반장을 맡아 선생님과 대화를 많이 할 수 있었다. 돌아보니, 그건 삶에 찾아오는 기회 중 하나였다. 선생님은 우리 반 친구들을 각자 하나의 인격체로 존중해주셨고, 그건 선생님의 미

소와 진심 어린 조언, 걱정으로 누구라도 느낄 수 있었다. 모두 선생님을 좋아했고, 선생님의 과목이었던 국어 시간은 어느 한 명 졸지 않고 수업에 참여했다. 아마도 우리 모두 그분을 좋아했던 것이다.

 나긋나긋한 목소리, 다정한 말투와 눈빛. 누구 하나 차별 없이 소중하게 대해주시던 그분을 보면서 저렇게 되고 싶다는 생각이 날이 갈수록 커져갔다. 햇살 같은 분이셨다. 따스하고 잘 웃으시던. 선생님과 더 가까워지고 싶었고, 칭찬받고 싶었다. 아마도 나는 선생님을 사랑했던 것이다. 그렇게 배웠다. 사람을 존중하는 것도, 소중히 대하는 것도. 국어 과목을 좋아하게 된 것도, 반장을 해서 뿌듯했던 것도. 어쩌면 선생님께 인정받고 싶었던 걸지도 모르겠다.

 자신감이 넘쳤던 때였다. 무엇이든 할 수 있을 것 같고, 또 나라면 못 할 것이 없을 것만 같았던 때였다. 그건 날 믿어주시던 선생님 덕분이었다. 너무 늦기 전에 꼭 찾아뵙고 말씀드려야지.

 선생님은 제가 꿈꾸던 사람이라고.

아빠의 꿈을
가볍게 여겼다

아빠가 집에 와서는 대뜸, 2년 후에 1년간 어학 연수를 갈 것이라는 얘기를 했다. 공부할 거라고. 반년은 필리핀에서 영어를, 반년은 중국에서 중국어를 공부할 것이라고. "뭐? 그럼 엄마는 어떡해. 카페는 어떡하고. 말도 안 돼!" 아빠는 계속해서 갈 거라고, 어떻게 하면 된다며 자기는 갈 거라고 했다. 너무한다고 생각했다. 얼마 전 엄마와 차 안에서 나눴던 대화가 떠올랐기 때문에. 엄마는 아빠를 너무 사랑해서 자기 삶이 모두 아빠 중심으로 돌아가서 외롭고 힘들 때가 많다고. 사실 내게 아빠가 엄마 중심으로 산다는 생각은 못 들었으니까. 철저히 엄마 생각만 나서 아빠에게 그렇게는 못 한다고, 안된다고 그랬다.

나빴다. 5분 뒤에야 떠올랐다. 내가 미국에서 교환학생을 하다가 돌아온 지 고작 한 달이 되었다는 것이. 그리고 내가 교환학생을 가도 되겠느냐고 지원하기 전에 아빠는 '그래라' 딱 이 말만 했던 걸. 꽤나 편견이 없다고 생각하던 나였는데, 만약 남의 아빠의 그런 이야기를 전해 들었다면 우와 멋지시다. 응원하고 싶다. 이랬을텐데, 정작 나의 꿈에 언제나 예스맨이던 아빠에게 나는 안 된다고 한 것이다. 내가 얼마나 나밖에 모르는 사람인지를 알았다. 그 말로 그 순간 아빠가 얼마나 외로움을 느꼈을지, 속상했을지 물밀듯이 상상이 갔고, 후회됐다. 나는 나와 우리 가족만을 위해 아빠가 살아야 한다는 듯이 생각해 왔다는 것을 깨달았다. 아빠의 인생은 아빠가 선택할 권리가 있는데. 주말 없이 매일 아침 9시에 나가서 밤 12시에 들어오기 까지 가족을 위해서 일하는 아빠가 꾸는 꿈을 나는 그 꿈을 꾸지 말라고 한 것이다. 나는 왜 이렇게 못났을까 속상했다. 아빠에게 가서 사과했다. 아빠는 괜히 어색했는지, 농담하면서 괜찮다는데 나는 괜찮지 않았다. 이어서 아빠에게 꼭 갔으면 좋겠다고 말했다. 부모는 언제나 내게 헤아릴 수 없는 이해심을 부어주는데 왜 자식된 나는 내 부모에게 매몰차게 되는지.

부끄러움

제대로 살려고 할수록 부끄러움을 느낀다. 지나간 말과 행동들에 대해서, 혹은 영광스럽게 살다 간 다른 이의 삶에 비해 호강에 겨운 나의 지나간 모든 시간과 그리고 지금 편하게 숨을 쉬면서도 감사할 줄 몰랐던 것과 다른 이의 아픔과 슬픔에 관심 둘 줄 몰랐던 것. 모든 것. 그리고 모든 것이 부끄러워야 마땅한 데도 부끄러움의 깊이가 너무나도 얕다는 것과 곧바로 무엇이든 행동하려 들지 않는 얄팍한 태도. 그러나 가장 무서운 것은, 이 얕은 부끄러움 마저 모르게 되는 것이다. 그러니까 매일 부끄러움을 느낄 줄 알아야 한다. 그래야 어제보다 오늘, 더 나은 선택을 할 수 있다.

상처받는 것보다
사랑하지 못하는게
더힘들것같아

어릴 때부터 나는 농담에 소질이 있었다.

TV 프로그램에서 본 사람들을 따라하고, 광고를 따라 하며 성대모사를 일삼았고, 유치원에서 있었던 재미있는 일을 말하길 좋아했다. 친구들앞에서, 할머니와 할아버지, 동네 어르신들 앞에서도. 누군가 내 얘기를 듣고 웃으면 기분이 좋았고, 나아가 희열도 느꼈다. 누군가 어떤 사람이 되고 싶느냐고 딱 한 가지의 특성만 고를 수 있다면, 나는 재밌는 사람이 되고 싶다.

사람을 너무 좋아해서 그런가, 사람들이 웃는게 좋다. 그래서 어느 대화에서건 스스로 낮추는 일을 서슴지 않는다. 나는 그게 편하고 좋다. 이런 나의 쉬운 성격 때문에 어릴 때부터 무시를 많이 당하기도 하고, 상처를 많이 받기도 했다. 그래서 이따금씩 다시는 쉽게 보이지 말아야지 라며 다짐도 하고, 쉽게 반응하지 말아야지 마음먹고 실천해 보려고도 했지만, 번번이 실패했다. 백 번 미웠던 사람도 한 번이라도 천진난만한 웃음을 보여주면 어렵게 쌓아둔 벽이 한순간 허물어져 버렸다. 사람 사이 적당한 거리가 있어야 상처받지 않는다는 말에 내가 나를 무방비 상태로 사회에 방치한 것만 같아서 상처받지 않기 위해 열심히 벽을 쌓기도 했지만, 소용없었다.

 나는 애초에 방어할 줄 모르는 사람이었다. 벽을 만들면 더 괴로워졌다. 번번이 상처받더라도, 역시 안전망 따위 없이 마음을 다하는게 나에겐 쉽다.

상처는 사랑으로 낫지만,
벽은 사랑이 생기지 못하게 만드니까.

투지폰으로 바꾸고싶어

문자를 주고받고 통화를 하기 위해 있던 어린 날의 투지폰. 일상에 딱 그정도의 지분만 핸드폰에게 담당하게 하고 싶다. 뉴스도 올라오고, 만화도 보이고, 영화도 볼 수 있고, 온갖 알게 된 사람들의 얼굴사진을 보게 되는 일이 그다지 재밌고 신나는 일은 아니다. 의사와 다르게 제공되는 정보들과 그런 시스템에 익숙해져버린게 싫다. 보지 않으면, 부러운 일도 없을 텐데. 부러움을 느낄 수 밖에 없는 환경을 만들어 놓고는, 부러우면 자존감이 낮은 사람이라며 되려 날 탓하는 차가운 쓰리지 세상! 나를 표현하고자 깔았던 어플이 결국은 남 눈치를 보게 만든다. 디지털이 아니면 안되는 이 세상은 나에게는 너무 가혹하다. 조금 덜 빠르고, 보고 싶은 것만 보며 살래도 녹록지 않다.

수영장 가는 길

지금 기분이 참 좋다. 처음으로 수영복을 챙겨서 기숙사 밖으로 나왔다. 체육관으로 걸어가는 길이다. 몇 분 전까지 눈이 무겁고, 속이 답답해서 잠을 자고 싶었는데 도무지 잠이 오질 않았다. 눈을 감고 30분은 넘도록 있어 보고, 잠을 자려 노력했는데 계속해서 어떤 생각들이 났다.

오늘 수업에서 배웠던 내용,
수업 시간 췄던 춤,
보고 싶은 사람, 미운 사람, 생각하면 답답한 사람,
가족,
집,
한국,
오리역 근처 자주 걷던 길,

탄천.

 그런 종잡을 수 없는 것들이 마구잡이로 떠올랐다.

 눈을 뜨고 또 10분 정도를 있었다. 다리가 저린 지 꽤 되었다.

 밖에 비가 계속 내리고 있었는데, 좋았다. 빗소리도 좋고 촉촉한 듯 쌀쌀한 공기도 좋았다. 와서 읽으려고 가져온 책을 침대 머리맡에 두고 한 번도 책 표지를 들춰보지 않았던 책을 엎드린 채로 10장 정도 읽었다.

 글이 쓰고 싶어졌다. 내가 글쓰기를 얼마나 좋아하는지 생각이 났다. 글을 쓰며 즐거웠던 시간들이 떠올랐고, 글을 쓰면서 계속 살 수 있다면 좋을 것 같았다. 다시 한번 생각이 들었다. 작가가 되면 잘할 수 있지 않을까, 행복하지 않을까. 글을 쓰는 게 일이라면 재밌게 살 수 있지 않을까. 누군가 내 글을 좋아한다면 얼마나 기쁠까. 그런 상상을 했다.

비가 오는 지금 수영을 하면 좋을 것 같았다. 날이 풀리면 아침 수영을 다니기로 혼자 마음을 먹었지만, 아직 한 번도 성공하지 못했는데, 오늘 저녁 수영을 해볼까 싶었다. 많은 생각을 할 필요가 있나 싶어 곧장 수영복을 챙겨 밖으로 나와 걸었다. 아직 체육관에 도착하지 않았다.

 고요함이 자욱이 깔린 저녁, 바닥에 비가 부딪히는 소리에 귀를 기울이다 보니 정리되지 않은 수많은 생각들이 머리를 스친다. 멋진 생각도 있고 아무 도움도 되지 않는 잡념도 있다. 무엇 하나 정리가 되지 않지만, 한 가지 반복되는 명확한 생각은 언젠가 글을 쓰며 살고 싶다는 것이다. 누군가 읽어준다면 더할 나위 없겠고.

계획대로 되진
않을지도 몰라

그동안 특정한 목표를 이루고자, 크고 작은 것들을 적으면서 "반드시 해내야만 해"라며 시간을 보냈다. 내 바람처럼 안될 때도 있었고, 생각보다 잘 되던 순간들도 있었지만, 상상했던 시간에 상상했던 것이 이뤄지는 일은 사실 별로 없었다. 그래서 조급해지기도 하고 실망하기도 하고 상처받기도 하고 힘들어하기도 하면서 인내와 끈기, 그리고 포기하고 싶은데 포기하지 않는 근성 같은 것들을 조금 익혔다. 그러다 생긴 게 "계획대로 되진 않을지도 몰라"라며 웃는 법이다. 계획대로 되지 않는데도, 실패가 아니었기 때문에 그렇다. 내가 상상하던 것과는 달랐지만 그 길은 또 새로운 가능성을 열었고, 그 가능성은 언제나 나를 좋은 방향으로 이끌었다.

쉽게 이야기하지만, 사실 이 여유를 갖기까지 꽤나 어려웠다. 왜냐하면 그 과정은 필연적으로 남들이 보기에 부정적인 일들이 있어야만 배울 수 있었기 때문에. 또한, 남들의 시선이나 세상의 속도에 대한 부담을 덜어내지 않고서는 익히기 어렵기 때문이다. 사실 남들은 나에게 별로 관심도 없는데, 그 사실은 나뿐만 아니라 많은 사람들이 잊고 살아가는 것 같다. 뭐든 하고자 하는 그 용기와 의지는 그 자체로 극찬받아 마땅하다. 솔직히 산다는 건 매일 노력해야 하는 일이고, 그것만으로 모두 최선을 다하고 있는 것인데, 넘어서서 무언가를 마음에 품고 또 이루어보려 노력하는 일은 존귀하다. 그러니, 계획대로 결과가 나오지 않았더라도 낙심할 필요는 없다. 아무것도 하지 않았을 때보다 나는 분명 달라져 있으니, 평가 기준은 없어도 전보다 발전해 있으니. 그 노력은 땅에 버려지진 않으니까. 오늘도 되뇌이며 무언가를 노력한다.

"계획대로 되진 않을지도 몰라"

그래도, 좋아.

만만한 사람이
되고 싶어

사랑은 받으려고 하는 게 아니라,
주려고 하는 것이라는 걸 또 잊어버렸다.

내가 누군가에게 받을 때 행복하지만,
무엇을 줄까 고민할 때 더 행복하다는 걸
또 잊어버렸다.

계속 만만한 사람으로 살아야겠다.
아니, 만만하지 못하니까
만만한 사람이 되려고 더 노력해야겠다.

정말 만만한 사람이 되고 싶다.

비우는 삶

보여주고 싶어 발버둥 치지 않는 삶.

채워도 채워도 어차피 끊임없을 욕심을 버리고
주어진 모든 것들에 대한 감사의 노래를 부르는 삶.

무언가를 얻으려고 하기보다,
무엇을 줄 수 있을까에 관한 생각이 가득 찬 하루
보기에 별거 없어 보일지 몰라도,
보이지 않는 것을 따르는 이가 보기에는 부러운.
그런 삶을 살고 싶다.

비워내고, 또 비워내는 수밖에 없다.

보이지 않는 것

최근 제대로 건축을 공부하고 싶어지면서 엄청난 배움의 욕구가 솟아났다. 그러다 자연히 내 건축을 향한 대한 고민이 시작되었는데, 건축의 목적이 무엇이 되어야 할까에 대한 생각이 들었다. 목적을 향한 고민은 필요로 이어졌고, 세상의 모든 필요는 보이지 않는 것에서 온다는 것이라는 생각이 들었다. 고민의 끝은 "보이는 것 < 보이지 않는 것"이었다.

그러다 자연히 보이는 것을 위한 모든 것은 나를 점점 껍데기로 만든다는 것을 깨달았다. 세상에 드러내기 위한 것을 첫 번째 목적으로 하는 모든 것은 점점 나의 생각과 삶의 방향을 '보이기 위한' 것들에 가깝게 한다. 그럴수록 점점 나는 내 생각이 없는 삶에 가까워지는 것이다.

 사람이 왜 아름다울까. 우리는 단 한 명도 같은 사람이 없다. 그렇기에 존재만으로 아름답고 의미 있다. 내가 하는 모든 생각은 나만이 할 수 있고, 내가 하는 모든 것은 나만이 할 수 있다. 완벽하게 똑같은 생각으로 행동으로 살아가는 사람은 단 한 명도 없다. 그런데, 내가 생각과 사유 없이, 남의 시선과 판단에 따른 삶을 산다면, 그것이 어떤 의미가 있을까.

 문득 그래서 세상의 존재하는 모든 것은 보이지 않는 것을 위해 존재한다는 생각이 들었고, 나는 이것이 개인적인 의견이 아니라 사실이라고 생각한다. 이건 또한 내가 신을 믿는 이유다. 모든 것은 신이 만들었으며 보이지 않는 신이 모든 존재의 근원이자 이유이기 때문에 결국 세상을 살면서 의미 있는 삶이란, '보이지 않는 것'에 가치판단의 기준을 두고 사는 삶이라고 생각한다. 그것이 내가 생각하는 자유다.

 건축은 결국 '보이는 것'을 만드는 일이다. 보이는 것을 만드는 이유는 결국 사람을 위함이고, 인간 삶에서의 물리적인 환경을 제공하기 위한 단지 그뿐만이 아니라 결국 그 물리적 필요는 보이지 않는 추상적 정신적인 목적과 이유에서 온다.

 결국 '보이는 것'은 '보이지 않는 것'을 위해 존재해야 하고, 그로부터 온다. 그래서 앞으로 무엇을 하든 삶을 살아갈 때에 '보이지 않는 것'에 가치를 두고 살아야 한다는 생각들로 온몸이 찼다.

 철저히 보여지는 분야를 공부하며 모든 '보이는 것들'은 '보이지 않는 것'을 위한 고민에서 와야 한다는 확신이 들었다. 앞으로 건축을 하며 놓치지 말아야 할 것은 보이지 않는 것을 위해 만든다는 본질이다.

마음이 빛날때

설레며 미래를 마음껏 그려나가고 싶다. 새로운 나를 계속해서 상상하는 지금이 좋고, 내가 새로워질 수 있다는 것과 계속해서 꿈꿔왔던 순간을 포기하지 않는 내가 좋다. 계속해서 로망을 그리고, 꿈을 꾸는 것은 비현실적인 것이 아니라, 용감하고 성실하다고 생각한다.

인생은 누구에게나 시간으로 주어진다. 아무도 한 가지만 하며 살라고 하지 않았고, 이 나이에는 이것을 해야만 한다고 정해진 법은 없다. 그래서 나는 내게 주어진 시간 동안 나를 가두고 싶지 않다. 있는 그대로의 내가 될 수 있으면 그때마다 마음에 충실하며 살고 싶다. 나 한 사람은 책임질 정도의 책임감을 가지고 내가 가진 가능성들을 무시

하고 싶지 않다.

 될 수 있으면 많은 나라에 가서 많은 것들을 보고 느끼고 싶고, 할 수 있다면 좋아하는 것들에 기회마다 열정을 다하고 싶다. 없던 기회도 생길만한 성실성과 열정을 가지고 살고 싶다. 좋아하는 것들을 오래오래 알아가며 깊이를 더하고 싶다.

전환

미국에서 교환학생으로 지내는 것은 처음에는 마냥 설레고 들뜨는 일이었지만, 어느새 낯선 땅에서 하루를 살아간다는 것은 치열한 성숙의 과정이라는 걸 알게 되었다.

외로움이라는 감정이 해야 할 일들을 못 하게 만들기도 하고, 즐길 수 있는 순간을 즐기지 못하게도 했다. 무거운 돌이 나를 누르는 것만 같을 때에도 해야 할 일들은 항상 있었다.

그럴 때면 "해야 하는데.." 라는 주문을 외우면서도 쪼그라든 마음이 정처 없이 허공을 떠도는 것만 같았다. 모든 걸 외면하고 이불 속으로 파묻히고 싶었지만, 그렇게 하다간 멀리까지 와서는

한 발짝도 나아갈 수 없었기에 나를 다뤄야만 했다.

 나를 다루기 위해 여러 가지를 시도하다 즉각적으로 먹히는 방법을 찾았고, 그건 당장 머리를 가득 채운 일이 아닌, 다른 것으로 과감히 나의 주위를 옮기는 것이었다.

 예컨대 나에게는 운동이나 글쓰기, 미뤄둔 여행기 포스팅이다. 눈앞에 '해야 할 일'을 과감히 덮어두고, 좋아서 하는 일을 하는 것이다.

 신기하게도 이런 좋아하는 일을 하다 보면 새로운 관성이 생기기도 한다. 그 관성은 활기찬 에너지로 가득 차서, 해야만 하는 일을 할 수 있는 동력으로 전환된다.

운이 좋았지

나는 지고는 못 사는 성격이다.

이런 나를 나는 누구보다 잘 알고 있었다. 내가 속한 집단에서 나는 괜찮은 사람이고 싶은 욕구가 강했다. 그 잣대가 뭐든. 이런 내 안의 어쩌면 추악하면서도 솔직한 면을 고등학교 때쯤 제대로 인식하기 시작했던 것 같다. 그리고 대학에 와서 알게 되었다. 나는 칭찬에 익숙한 사람이라는 것을. 안 좋은 평가에 아주 민감하고, 취약하다는 것을. 건축학과는 좋은 이야기보다 안 좋은 평가가 더욱 잦은 곳이다. 말로 혹독한 곳이었기에.

운이 좋았다고 해야 하나

덕분에 지난 7년간 많은 사람들 앞에서 자존심이 깎아내려지는 상황들을 겪으며, 모진 말을 견뎌낼 수 있게 되었고, 자기 객관화를 아주 잘하게 되었다.

.
.
.
.
.
.

운이 좋았다고 해야 하나

의심

영원할 것 같던 사람들이 있었다. 영원히 내 곁에서 나를 사랑해 줄 것만 같았던, 나 또한 그들을 사랑할 줄 알았던 사람들. 나도 그들도 어렸고, 서툴렀고, 때론 불안했다. 간절한 마음과 서투른 행동이 만나 조급한 선택들을 낳았다. 그 선택들은 서로를 아프게 했다. 행복한 순간보다 아픈 시간들이 많아지면서 변해가고, 변한 모습은 마음에 남아 나를 오래 아프게 했다.

 우리는 어떻게 변할까.

이 사람은 나를 계속 웃게 하는 데에 관심이 있다. 무슨 말이든 해서 나를 웃게 한다. 내가 웃으면 웃고, 내가 조금이라도 말수가 적어지면 안절부절못하며 걱정한다.

이 사람은 떠나지 않았으면 좋겠다.
정말 영원히, 영원히 곁에 있었으면 좋겠다.

나의 스치는 표정 하나에, 힘없는 발걸음 하나에, 목소리 하나, 말 한마디에 집중하고 걱정하는 이 사람이 떠난다면, 아무도 내곁에 영원히 남지 못할 것 같다는 생각이 찬다.

인생이 너무 짧다

좋아하는 사람들이 너무 많다. 그들의 삶에 조그마한 보탬이라도 주고 싶다. 그들이 슬플 때마다 위로해 주고 기쁠 때마다 온 마음으로 또 물질로도 축하해주고 싶다. 인생은 너무 짧다. 마음만큼 마음이 가는 모든 이들에게 해줄 시간이 없다.

 기회가 닿을 때마다
 우연이 맞을 때마다
 생각이 날 때마다
 순간에 최선을 다할 뿐이다.

 사랑하는 이들에게 해줄 수 있는 것은 무탈하기를, 삶에 견디기 어려운 일은 피해 가기를 기도하는 것.

이따금 삶의 한순간에 내가 함께할 수 있다면, 그때 온 맘 다해 아껴주고 때마다 전하지 못해 쌓인 마음을 열심히 전달하는 것.

그뿐이다.
많은 것을 해줄 수 없어 미안하고
항상 나를 또한 아껴주어서 감사하다.

어떻게 보답할 수 있을까

치료 중

이 정도도 못 이겨내냐는 채찍질을
멈추기로 했다.

그래, 나는 이건 힘들어
그래, 나는 이건 피할래

피할 건 피하고 싶다.

약한 거라고 생각했었는데 그렇게 생각하지 않기로 했다. 인정하기 어려운 상황이 닥치면, 힘들어하는 게 당연하더라도 그런 나를 가만히 두지를 못한다.

왜 힘들어해? 또야?

그런 생각이 물밀듯 덮쳐오고, 나를 갉아간다.

나는 극도로 예민하다.
예민해질 때면 내 감정과 마음의 밑바닥을 깊숙이 파헤친다.

나의 감정의 바다는 유달리 넓고 깊다.
가볍게 털어내도 되는 것들이 나에게는 깊숙이 스며들고, 그래서 작은 것들이 스며들어도 내 마음의 파도는 크게 요동치며 행복해한다.

나는 지금 치료 중이다.

마음의 집

나에게는 마음의 집이 있다.

마음이 다른 사람보다 더 예민해서
감동도 기쁨도 두 배로 느끼고
슬픔도 아픔도 두 배로 느낀다.

슬픔이 덮칠 땐 도망칠 곳이 필요하다. 그럴 때마다 나는 마음의 집을 찾는다. 마음의 집은 떠올리면 치유되는 시절이다. 어떤 노래를 들으면 나는 항상 마음의 집으로 갈 수 있다. 두려움이 없던 시간. 떠올리면 마음놓고 마음껏 울게 된다.

오늘은 마음의 집에 머무르는 날이다.

均형을 찾아서

취업을 했다.

돈을 벌기 시작했고, 내 마음대로 쓰는 시간은 이제 제한적이다. 그런 게 크게 와닿지만, 생각해 보면 예전 중고등학교 다닐 때와 같은 상황이다. 다른 점은 내가 벌어서 쓸 수 있다는 것. 안 좋은 것만 생각하면 안 좋은 것만 떠오르듯이 좋은 것만 떠올리고 생각하면서 새로 주어진 일상을 감사하고 싶다.

그동안 끊임없이 새로움에 직면하고, 쏟아붓고, 자주 어딘가로 떠나서 나를 다독이고 또 에너지를 충전하며 지냈다. 돈이 없어도 시간이 많았기에 풍족했다. 지갑이 얇으면 그에 맞춰 시간을 여유

로이 보냈다.

 그러다 출근한 지 열흘이 넘고, 어딘가 떠나고 싶어진다. 정확히 이 감정은 이전과는 다른 감정이었다. 정말 가고 싶은 곳이 있거나, 정말 하고 싶은 특정한 것이 있는 게 아니라, 새로운 일상에 대한 일종의 반항심이었다. 그동안 나는 여행을 정말 많이 다녔다. 돈보다 시간이 중요했다. 틈만 나면 비행기를 타고, 기차를 타고, 버스를 타고, 급기야는 자전거를 타고 떠났다. 나의 대학 생활은 여행이었다.

 그래서일까, 출근이 시작되고도 현실감이 없었다. 아직 나와 이 직장이, 그리고 이 생활이 맞춰가는 시작도 안 한 느낌. 이상한 감정이지만, 첫 월급을 받으면, 어딘가로 떠나야만 할 것 같은 조바심마저 들었다. 끊임없이 돌아다니던 오랜 습성이 새로운 일상과 부딪힌 것이다.

 새로운 일상은 반복적인 시간 속에서 주어지는 나만의 시간은 단비와 같지만, 동시에 불확실한 미래에 대한 걱정은 끝이 났고, 명확한 현재에 집중할 수 있다. 반복적인 일상이 있기에 이따금 떠나게 될지도 모르는 여행이 더욱 기다려진다.

이 이상한 감정은 균형을 찾기 위함이었구나.

여행이 간절하지 않고 욕심나지도 않는다. 여행은 언제나 좋지만 지금은 현재에 집중하고 싶다. 계획하기보다 흘러가고 싶다. 균형 있는 삶을 살고 싶다. 당분간은 미지의 세계를 향한 개척보다는 낯설기도 한 지금과 친해지고 싶다.

그러다 한 번씩 어딘가 또 떠나면서
균형을 찾고 싶다.

적당히 사랑하고 싶다.

적당히 사랑하고 싶다.
적당히 신경 쓰고 적당히 좋아하고 적당히 아끼고 싶다. 그러면 마음이 편할 텐데.

사람에게 욕심을 부리는 마음이 자꾸만 커진다. 혼자일 때의 나는 내가 마음에 들었다. 누군가를 의지하지 않고, 누군가에게 모든 감정을 내비칠 필요도 없기에 언제나 자유로웠고, 나의 감정을 오롯이 내가 감당할 수 있었다. 누구도 사랑하지 않을 때는 상처받을 일이 없다.

하지만 누군가를 사랑해서 느끼는 행복은 비교할 수 없다.

그래도 역시 쿨해지고 싶다. 내가 가장 못하는 일이지만

부재

늘 있던 것이 사라지는 일은 그것이 나에게 어떤 의미였는지를 알아가는 과정이었다. 누구에게나 수많은 부재가 있겠지만, 지금 나에게 잊어버릴 수 없는 부재는 세 가지가 있다.

 첫 번째는 첫 연애의 끝이었다. 스무 살 겨울에 만나, 스물넷 여름의 끝자락까지 곁에 머무른 사람의 부재는 짧지 않은 기간 동안 그 사람에 대하여 곱씹게 했다. 시린 마지막이었음에도 처음에는 믿기지 않았다. 혹시나 하는 마음으로 집으로 가는 길, 집이 가까워지면 나도 모르게 긴장이 되기도 하였다. 얼마 되지 않아 그는 이미 새로운 연애를 시작했음을 알고서야 그의 부재를 인정하게 되었다. 그로부터 한동안 그와 지낸 지난 시간이 내

게 흉터와 같고, 무의미한 것처럼 느껴졌다. 해가 몇 번이 지나고, 그가 나에게 어떤 의미였는지 점차 알게 되었다. 그는 나에게 지는 법을 알려준 사람이었다. 누군가를 사랑한다는 것은 계속 져주고 싶다는 것을, 아무도 모르게.

 두 번째는 월급의 부재다. 유복하다고까지 말할 정도인지는 모르겠으나, 부족한 줄 모르고 자랐다. 그러다 퇴사를 하고, 처음으로 백수가 되었다. 집안 사정이 갈수록 어려워져 부모님께 어려울 때 손을 벌릴 수 없었다. 어떻게든 해야 하는 날들의 연속이었다. 제 발로 나와서 실업급여도 없었기에 몇 달이 지나고서는 곧 하루하루 쓰는 돈을 성실하게 기록해야만 했다. 예컨대, 1,700원짜리 바나나우유도 기록해야 할 정도로 예상 가능한 범위 안에서 지출해야 했다. 월급이란 그런 것이었다. 단지 돈이 아니라, 나의 생각을 현재가 아니라 미래를 대비하고 과거를 보완하며 다른 이에게 베풀 수 있는 그 모든 삶의 반경이었다.

세 번째는 인대다. 발목의 인대. 나는 겨울만 되면 자주 아팠다. 그게 무엇이든 다양하게도 아파 보았다. 코로나가 유행일 때에는 코로나에 걸려 정말 이게 죽는 느낌일까 라는 생각에 이를 때까지 열이 오르기도 하고, 독감에 걸려서 또 열이 40도가 넘어가 응급실에서 온갖 주사를 맞아보기도 했는데 이번 겨울은 감기가 왠일로 찾아오지 않나 했더니 발을 심하게 접질러 인대가 파열됐다. 병원에서 엑스레이를 찍어봤더니 나에게 발목에 뼈조각 같은 게 선천적으로 하나 있어서 이것 때문에 걷다가 접지르기 쉽상이라고 했다. 나는 길을 걷다가 자주 발을 헛디디곤 했는데, 그 때문이었다. 인대가 파열되고 한 달 하고도 절반이 지났다. 이후 몇 번의 통증이 이따금 생겨 이제 걸을 때면 바닥을 면밀히 살피고 조심하게 된다. 발목의 인대가 다치기 전에는 앞만 보고 걷고 뛰었는데, 다치고 나니 바닥을 본다.

민낯을 드러내고, 낭만이 있는 삶을 꿈꾸던 스물셋부터
몇 번의 부재를 맞은 스물 아홉까지

나를 읽는 시간

발행년도. 2025년
글과 사진. 최지현
e-mail. asjh96@naver.com

이 책의 내용의 전부 또는 일부를 재사용하려면 펴낸 곳의 동의를 얻어야 합니다.
이 책의 저작권은 최지현에게 있습니다.